BYLCHAU

ⓑAneirin Karadog/Cyhoeddiadau Barddas ©

Argraffiad cyntaf 2016

ISBN 978-1-906396-92-3

Mae'r cyhoeddwr yn cydnabod
cymorth ariannol Cyngor Llyfrau Cymru.

Cyhoeddwyd gan Gyhoeddiadau Barddas.

Argraffwyd gan Y Lolfa, Talybont.

Dyluniwyd gan Olwen Fowler.

Ymddangosodd rhai o gerddi'r gyfrol hon yn *Barddas*, *Taliesin*, *Golwg* ac *Y Glec* yn ogystal ag ar raglen *Talwrn y Beirdd*, BBC Radio Cymru ac fel rhan o brosiect 'Bardd y Mis', BBC Radio Cymru. Comisiynwyd cerddi 'Bylchau', 'Bod yn Fardd Plant', 'Anni'r chwa o awyr iach!' a 'Madiba' gan S4C a Chynllun Bardd Plant Cymru.

S4C yw perchennog hawlfraint y cerddi comisiwn canlynol: 'Bylchau', 'Bod yn Fardd Plant', 'Anni'r chwa o awyr iach!' a 'Madiba'.

BYLCHAU

aneirin karadog

Cyhoeddiadau
barddas

Cath, er cof amdanat

Cynnwys

Rhagair

Bu farw'r bardd ynof sawl gwaith wedi ymgais frysiog, ddryslyd mewn rhyw steddfod neu'i gilydd, a esgorodd ar rywbeth a deimlai'n llawn gwefrau wrth iddi gael ei chreu, ond a fradychodd sawl gwall a chyfeiliornad wedi i mi rythu arni eto drwy lygaid oer. Ond hwyrach taw marw fel y gwna croen gwiber wrth iddi ymwthio ohono a'i ollwng i natur ei sglaffio, neu fel salamander wrth adael ei gynffon a'i holl anturiaethau ar ôl, y mae rhywun. Neu falle fod 'na fardd gwael yn gorwedd ar ryw garped yn hen groen y cerddwyd drosto sawl gwaith, wedi i'r corff adnewyddu ei hunan saith mlynedd yn ddiweddarach. Mi fues i'n lwcus: ces gyfle arall, ac un arall. Ai dyma'r cyfle olaf – pwy a ŵyr?

Ond nid felly Cathryn, fy nghyfnither, fy ffrind, fy nhylwyth alltud a phell, fy nylsen-i-neud-yn-well o gydwybod, ffrind gorau fy mrawd, cyfanfyd fy nghefnder Gareth a'i rieni, y fersiwn well ohonon ni i gyd. Ni fuodd hi mor lwcus.

Ces i'r fraint o gwrdd â phawb sydd wedi eu gwau'n gerddi yn y gyfrol hon. Licen i i chi gael y fraint o gwrdd â nhw eto hefyd. Yn enwedig Cathryn.

Isod mae'r gerdd gyntaf i mi ei chreu yn Llydaweg. Tra fy mod yn ymwybodol o'r fflachiadau llachar o obaith sydd yn gysylltiedig â hi fel iaith leiafrifol ar hyn o bryd, rwy hefyd wedi bod yn dyst i'w difodiant ar raddfa eang; mae'n debyg fod 'na filiwn o siaradwyr Llydaweg yn bodoli yn wythdegau fy mhlentyndod. Prin fod 'na chwarter miliwn bellach. Felly er bod gobaith na fydd yr iaith yn diflannu'n llwyr, nid yw hi bellach yn iaith hyfyw, ac ymdeimlo â'r golled honno mae'r gerdd hon. Cyfieithiad o'r cwpled olaf yw:

> Fe welaf fy iaith yn marw,
> a dyna hi'n mynd gyda'r gwynt.

Gwel a ran va yezh o vervel

Gwel a ran va yezh o vervel,
he c'horf astennet war he gwele kloz
hag ar pellgomz ne gan ket e ziskann ken
ha den ebet n'eus pellgomzet
da di ar medisin.
Re glañv eo, na dalv ket a boan ...

Gwel a ran va yezh o vervel,
ar gerioù a gousk hep c'hoant dihuniñ,
ar gerioù kollet deus ar bajenn mañ,
ar gerioù ne zañsont ket An-dro
nag ar Gavotenn e fest-noz ar penn,
ar gerioù ... ar ger ... ar g ...

Gwel a ran va yezh o vervel,
ha klev a ran ar bal o toullaat
an toull doun, du. Ha klev a ran
he zud o huchal Galleg
en eur zañsal ar Plinn war he c'horf.

Gwel a ran va yezh o vervel,
ha setu, aet eo, gant an avel.

Ond yng Nghymru mae'n stori wahanol. Wy'n clywed
geiriau di-ildio ar dafodau ein pobl sy'n golygu bod y
Gymraeg yn ffodus, ac yn para i gael cyfle arall, ac
un arall, a thrwyddoch chi, o bosib, gyfleon di-ri ...

Aneirin Karadog
Pontyberem
6.3.2016

Bylchau

Mynnodd y Mis Bach ddwgyd ein cewri
gan adael bwlch, gan dawelu byd,
bwlch na welwn mo'i waelod
wrth grychu dros y dibyn;
bwlch na welwn ei ben draw
wrth inni wag-rythu tua'r gorwel.

Ond teimlwn bob eiliad o'n hanes,
galarwn a dathlwn bob darn
yn frwydrau ym mhob deigryn,
yn gamwedd ym mhob gwên.

Mae alawon i'w clywed o hyd,
awn a dal pob nodyn a'u byw
yn gân o Gymreictod croch
a'i chanu'n hyderus.

Cerddwn drwy labrinth ein llên,
rhwng ffurfiau pob llythyren,
a rhyfeddu at y dweud sy'n furiau
ar y daith, ar lwybr sy'n arwain
i'n canfod ni ein hunain.

Er i gryman y Mis Bach
syrthio mor swrth,
trown ninnau'n egin
melyn ym mylchau Mawrth;
cofiwn a dathlwn
wrth i'n cenedl flodeuo,
gan wybod bod ein cewri
yn ailgodi bob gwanwyn.

Cathryn

Ni chafodd Cymru rannu dy freuddwyd.
Ni ddylai'r gerdd hon fodoli, gyfnither goll.

Wy'n moyn i'r byd dy nabod
am fod braint dy nabod
yn brifo cymaint.

Lluniais y gerdd yma ganwaith yn fy mhen,
wedi i ti droi'n seren o eiriau yn ffurfafen geirfa fy merch,
dy gyfnither na chei ei harwain ar gyfeiliorn.

Ni fedrwn lusgo fy meiro
ar draws y ddalen
gan ei bod yn llawn o ddagrau,
ac ni allwn adael y dagrau'n rhydd
i lifo'n eiriau i'th ddelweddu
yn gorff o gerdd, am mai galaru a derbyn
dy ffarwél olaf fyddai hynny ...

Ond fe fyn y gerdd ysgrifennu
ei hunan, y geiriau'n powlio'n eu blaenau
yn ysgythriad dy garreg fedd.

Ni chafodd y byd chwaith fyw dy freuddwyd,
er i ti ddal gwlith breuddwyd y bore
a'i droi yn ddiod o fywyd.

Wynebet fôr o ehangder dy feddwl
yn undod *kundalini* ar draeth Barceloneta;
ni fagaist y meddwl cul a ddaw
o ddysgu gyrru ar strydoedd y cymoedd.

Gallet gyfieithu chwerthiniad
a chwerthin mewn ffordd
nad oedd modd ei gyfieithu.

Ond roedd bysedd amser
am dy wddw yn dynn,
a phob anadl yn eiliad
o dician di-droi'n-ôl.

Ac ers y gusan yn yr amlosgfa,
mae oerfel dy foch ar fy ngwefusau byth,
tra bo coelcerth dy chwerthin
yn y cof.

Dic

Roeddem yno mewn tipi
fel *designer hippies* yn breuddwydio
am berthyn drwy lesmair mwg,
a ninnau ar gaeau'r Hendre
lle mae perthyn i'w arogli ar y gwynt,
rhwng dagrau'r môr a choflaid y tir.

Dest i dendio ar dy lysiau
a'th gynhaeaf olaf wedi bod.
Roedd olion yr aredig ar dy ruddiau
a nerth dy eiriau yn dy ddwylo
wrth i dy gorff gynganeddu ei ffordd
ar draws y buarth.

Fe'th wyliais di'n chwynnu'r pridd
o gylch dy sgewyll, heb adael dim
amherffeithrwydd, fel taset yn gofalu fod
sillaf olaf hir-a-thoddaid yn ei lle.

Ond bellach nid oes englynion
yn tyfu yn y tir,
a'u gwreiddiau'n gadarn
i fwydo'r to nesaf.

Ry'n ni nawr yn cynaeafu'r haul
i fwydo'r ddinas fawr
lle mae *haikus* o dramor i'w cael ar silffoedd
wedi eu lapio'n *airtight* mewn plastig.

Fe welaist hyn yn dod; y gwynt
ei hun yn cael ei ddal gan ddyn,
gweld y budd, a gweld y golled,
gweld y tir yn diflannu o dan ein traed ...

Ray

Roedd hi'n fore rhewllyd o Dachwedd
a ninnau yn ein seddau'n barod
i'th weld yn teyrnasu am y tro olaf
ar y Strade.

A thrwy oerfel y bore hwnnw
cofiais deimlo dy law losgfynyddig,
ei gwres a ysgydwai fy myd
bob tro yr ysgydwem ddwylo.
A'r bore y rhoddais englyn yn dy law,
wrth iti ddiolch, ces dy galon i gyd.

Trwy'r llaw honno
gwelais grwt y mynydd
yn carlamu tua'i freuddwyd
a Chymru'n ei ddisgwyl â breichiau agored.

Orig

Mae'r sgwâr yn dy ddisgwyl
a'r ornest olaf ar gychwyn,
a, diolch i ti, mae'r dorf yn para'n niferus
er bod rhai'n cywilyddio eu bod yno o gwbwl.

Drwy ddrewdod *burgers*, *fries* a chaws plastig,
i gyfeiliant Bon Jovi, sleifiaf o ymylon y dorf
at dy stafell newid. Drwy gil dy ddrws
fe'th welaf yn dy fest yn barod i wastrodi
dy wrthwynebwyr gwan.

Ond clywaf awelon amgenach
yn gorwyntoedd o'th gwmpas,
holl helfeydd y Mabinogi, cyrchoedd Beca,
gloddestau'r Arglwydd Rhys a'i lys
yn gynnes o gân, yn fflangellu'r *Welsh Not*
a chwerthin anterliwtaidd y ffair,
yn gybolfa anacronistaidd o'th Gymru di
yn ymestyn hwnt i ddrych dy stafell newid.

Ac fel Caradog yn gwrthod moesymgrymu,
rwyt tithau'n barod i wynebu dy Rufain di
a'th gadwynau yn ddim mwy nag addurnwaith
ar dy arddyrnau. Ond y tro hwn ni ddest o'r stafell newid,
est i annwn trwy'r dŵr at Ynys Gwales ...

Wrth i'r dorf aflonyddu, sylweddolodd
un neu ddau mai eu gornest nhw yw hi bellach.

Hywel

Mae'r llwyfan yn wag
a dim ond griddfan trydan fel cleren
i'w glywed yn dod o'r meic,
ambell wich wrth i gadeiriau gael
eu didoli yn ddiseremoni yn y *wings*,
stiwardiaid yn stiwardio dim byd
heb cweit fod yn siŵr o amserlen y dydd.

Mae'r babell lên yn wag ond amdana i
yn disgwyl i ti gyrraedd yn gorwynt
o ymchwil a dweud da:
yn ysgolhaig cart y ffair,
yn brifardd y dafarn,
yn fab darogan y terasau ...

Ond ni ddaw dy gorwynt.
Dim ond awel a'm cluda
i Aber-arth ...

Yno, mae'n fynwentaidd o dawel,
ni feiddia'r gwynt gyffwrdd â'r dail
rhag ofn iddo chwibanu.
Mae'n gweld dy eisiau di,
gweld eisiau tonfeddi dy lais
a'r peli tân o eiriau a gariai
o'th gof mas i'r byd, i weddill
Cymru gael cynnau'r gân.

A dyna ti, yn synfyfyrio
dros Fae Ceredigion,
yn gwybod beth a aeth o'i le,
ac yn gwybod sut mae unioni'r cam.
Ond wrth i ti leisio'r ateb
ni ddaw geiriau o'th geg.

Iwan

Mae'r trên ola'n cyrraedd Bangor
a'th silwét ar ddiwetydd yn het a sach o gerddi,
tra bo'r brêcs yn gwichian y *blues*.

Fe'th welaf yn cerdded ar ei fwrdd
i ganfod dy sedd, canfod dy lais,
cyn i dannau bas y trên seinio cyffro
dechrau'r daith ar hyd lein y dychymyg.

Dychmyga fi i fodolaeth
a noda fi yn fflach o syniad gwych
am gerdd, yn air fan hyn, trosiad
fan draw, yn dy lyfr bach du.
Rwyt ti'n gerdd ar ei hanner o hyd ...

Smygla fi dan dy het i'r cilfachau pell na ŵyr
barddoniaeth Gymraeg amdanynt,
caria fi'n llychyn o'r lôn ar ysgwydd dy siaced ledr ...

Ac wedi'r clera blêr yn chwysu delwedd y gerdd
a'r milltiroedd di-ben-draw o gynganeddu,
caria fi adre'n llwch yn dy boced.

Mae'r trên ola'n gadael Bangor
a'r llinell fas yn pellhau wrth imi hiraethu
am dy silwét ar ddiwetydd.

Nigel

Ni all un *haiku*
ddal dy enaid â geiriau
i ti fyw am byth.

Nid yw Cymro'n Sais,
nac englyn yn *haiku* chwaith;
eto, beth yw'r ots?

Fe dorraist yn rhydd
rhag pob *haiku* caethiwus
yn yr hen fuchedd hon.

A heno nid yw dy Abertawe'n fflam
am na ddarllenodd pawb y *memo*
i gofio darllen dy gerddi
a theimlo'r awydd i droi pob bys yn fatsien
a'u crafu ar bapur cynnau y foch
a thanio pob anghyfiawnder yn wenfflam;
tanio coelcerth i roi'r byd yn ei le,
tanio'r ddinas er mwyn ei hailgodi.

Yn Hotel Gwales,
mae'r dderbynfa'n wag, a'r drws
yn gwichian yn y gwynt ...

John

Nid oedd ein hanes yn hanes
cyn dy anadliad cyntaf di.

Daeth eiliadau ein perthyn
fel cenedl yn bwls yn dy waed.

O aroglau'r byd yn Nhrelluest
fe welet bentre pysgota'n
faes chware i Ifor bach.

Gwelet dy Dreorci yn gaeau gwag,
a phob tro y deuai chwys i lawr dy dalcen
deuai dynion o grombil y ddaear ddu.

Roeddet yno i weld pob carreg
o Gastell Caernarfon yn codi'n haenau,
ac yn chwerthin o Dŵr yr Eryr
ar yr ymdrech bitw i'n cadw ni mas.

Ym mhob cam o'th eiddo roedd
chwyldro diwydiannol yn bwrw yn ei flaen.
Wrth iti droi dy ben, roedd hoelen arall yn ein harch,
ym mhen draw enfys pob gwên
roedd 'na winc o wybod fod
ein harch yn para'n wag,
a char y 'ffeiriad wedi torri i lawr ...

Yng nghroesffyrdd dy feddwl
roedd amser yn plygu, toddi'n glociau Dalí,
yn sgwrs rhwng Urien a Lloyd George,
Glyndŵr a Parry bach yn rhannu sigâr,
yn Wynfor, a gerddai â'i sgwyddau
mor sgwâr wedi sgori'r cais
i gyfeiliant sothach Eingl-Americanaidd
ein cenedlaetholdeb am ddiwrnod.

O lysoedd lle roedd clec cynghanedd
yn adlamu o'r welydd trwchus, trechaf,
i ddadfeiliad ein traddodiadau
yn sgil gwres canolog,
daeth ein hanes yn rhan ohonot,
ac fe'i rhoddaist yn dy anadliad olaf.

Gerallt

Cilmeri yw dy gartref bellach
wrth i gof y genedl ei ddodrefnu
yn ddestlus er dy fwyn.
Dy osod yno yn amgueddfa
i Gymreictod, yn un ysictod sectaidd,
er mwyn i ni allu dotio ar y dweud
ac ar uniongyrchedd dy ganu,
heb orfod gweithredu ar unwaith
ar neges dy gerddi.

Daw dy lais yn fflach ar YouTube
ein diwylliant dwy funud a hanner
rhwng clip newyddion a hysbyseb i'r fyddin.
Ond os gwelwn ni'r dŵr yn codi
uwch ein pennau, ceisiwn ei anwybyddu
a gobeithio y daw amser cinio
neu ddiwedd ein shifft cyn i ni foddi.

Er fy mod i, fin nos, fan hyn
yn byw'r wefr sydd yn nhrydan dy gerddi,
yn cynnal diwylliant dan dywyllwch
yng ngolau lamp fy niffyg llais,
gwn fy mod i'n dy siomi'r bore wedyn
pan godaf yn slaf wedi seilio ei oes
ar beidio â brwydro o ddydd i ddydd.

Meredydd

O Gwm Ystwyth, bwriaist gryman drwy brysgwydd
a gwrthod gadael i'r diffeithwch gwyrdd dy guro,
gan gychwyn yn dy ardd dy hun.

Heddiw mae angen dyfrio'r ardd, ond ni ddei di
i gadw'r dŵr i lifo. Drwy dy dendio gofalus,
eginodd blodau na welsant olau dydd
ers sawl gwanwyn, a'u halawon yn blodeuo'n
betalau o dafodau a ganai i gyfeiliant bysedd yr haul.

A phe clywet nodyn cyfeiliornus
disgord y chwyn, fe'i rhwyget o'r pridd
gan taw natur chwyn yw tagu.

Heuaist, deffroaist hadau a fu ynghwsg yn rhy hir,
gwyliaist erddi godidog yn tyfu o egin dy ardd gyntaf
ac est i gyfarch a gwenu ar bob blodyn yn unigol
cyn chwythu'r paill i gario ar y gwynt
tua gerddi dy gymdogion; cymdogion
na wyddent eto eu bod yn arddwyr ...

O s i

Nid yw ein hoes ond cynfas gwyn
mewn oriel lle mae disgwyl i ni
droi lliwiau yn synnwyr,
pan nad yw gwneud hynny yn ddu a gwyn.

Nid yw breuddwyd ond gwlith
a gliria o'r meddwl
wedi methiant i'w wireddu,
wedi i'r llygaid agor
a gweld Aberhenfelen go iawn.

Est ti a dal pob breuddwyd
a'u taflu'n synhwyrau ar gynfas,
yn felyn o arogleuon
a choch llawn o gân,
yn las y gellir ei flasu,
yn wyrdd llawn anadlu.
Paentio breuddwydion
yn flodau gwynion yn dy sgil.

Pan na fyddi'n estyn am y brwsh,
nid oes machlud yn Llansteffan.

A rhag ofn y byddai gwlith y deffro,
neu'r braw o agor y drws, yn ormod,
darluniaist bob breuddwyd
yn brawf i ni bod modd eu byw.

Er cof am Olwen Dafydd

Tan wae y mae Tŷ Newydd;
wylodd a duodd y dydd
ei hun wrth iti huno;
yn dawdd cwyr, duodd y co'.
A heno ni all cannwyll
oleuo rhag teimlo'r twyll,
a hedd rheng ddua'r Angau
a sŵn cyrn y nos yn cau
amdanat. Mae dy enaid?
Onid bedd yw'r byd di-baid
i'n gobaith, drwy'r daith bob dydd,
o dan wae colled newydd?
Onid bedd, penyd y bardd,
a'i dywarch fu'n dy wahardd
yn dy wên rhag mynd yno'n
eiriau cerdd a oera'r co'?
Ninnau'n syn ar derfyn dydd,
tan wae y mae Tŷ Newydd.
Fe wylodd a duodd, do,
awenydd yn dy huno.

Canu'n iach

(Ar Fedi'r 19eg 2015, bu'n rhaid i ni
roi un o'n cathod, Wallace, i gysgu.
Ac ar yr union ddiwrnod y flwyddyn
flaenorol fe gollon ni Cathryn.)

Daliaist i ganu dy rwndi
hyd ddiwedd dy gorff eiddil, gwyn.
Daliais dy bawen drwy'r oeri,
daliais bob nodyn yn dynn.

A llynedd ar ddiwrnod mor llwm
fe glywais y floedd lawn o 'Na',
tra syrthiodd dy law dithau'n drwm
ac yna gaeafodd dy ha'.

Ac eto heno fe'ch gwelaf
yn disgleirio'n y nen gyda'r sêr,
ond gyda phob 'fory fe'ch teimlaf
yn canu yn iach yn fy mêr.

Er cof am Aled Rees

(Deuai i fy ngwarchod i a fy mrawd
slawer dydd ym Mhontardawe.
Roedd ganddo yntau hefyd
obsesiwn â Doctor Who.)

Weindiaist gloc ein plentyndod
tua'r sêr, at ryw oes od
lle roedd troad eiliadau'n
adwy o wefr i ni'n dau
rhwng mynd a dod gofod gwag,
a ban pa angau bynnag
a beunydd dy Drebanws,
dy rodd oedd agor y drws.
Yn Gallifrey yr ieuanc
ond rhyw her ysgafn yw tranc ...
Yn nhir rhith dy anturiaethau
(y lle mae ofn yn pellhau)
ar awr fostfawr rhyw fwystfil,
dy sgarff a ddeuai'n dy sgil.
Oet Ddoctor a'i gôr o gân;
yn dôn TARDIS dy hunan.

Nawr edau dy sanau yw'r sêr, hen wynt
      sydd yn fantell dyner;
   dy gam sy'n treiglo amser
   yn llai fel cannwyll o wêr.

Cymru wedi Gerallt

Myn duw, y mae hi'n dawel
wrth yrru drwy Gymru. Gwêl
Gerallt tu hwnt i'r gorwel ...

Gwelodd awr i gladdu iaith,
dyfodol ein difodiaith,
yn broffwyd i'n harswydo
drwy wawr o waed ei air o.
Gwawr oedd yn wridog o hyd
o awchlym air ein machlud.

Yr oedd angerdd i'w yngan
ond wedi tewi mae'r tân;
wedi tewi, nawr tywyll
yw ei gân yn oerni'r gwyll.
Di-iaith yw gwaith ei go' hen
â iâ dros ffwrnais awen.

Tanio gair fel tanio gwn,
hergwd amrwd i'r memrwn
drwy'r hen gur o drin geiriau,
ond ffwrnais llais sy'n pellhau ...
O yngan ei gân o go',
pa awen ond copïo?

Mor wag ydyw'r Gymru hon
heb Gerallt, heb ei goron.
Mor wag, fel môr o regi,
mor wag ... Rhwng ei muriau hi
mae'r stafell sy'n bell o'r byd
yn stafell o wast hefyd.

Gerallt ein Meuryn alltud,
creu englyn â Meuryn mud
sy'n ddiwerth. Oes 'na dduwiau
a all weld yr holl leihau?
A all weld nifer ein llu
dan ergydion? A'r gwaedu?

Myn duw, y mae hi'n dawel
ac am hynny, Gymru, gwêl
y gwir sydd ar y gorwel.

Ffarwelio â 2015

Yn y coed esgyrnog hyn
rhwygwyd o'r pren sawl brigyn
gan stormus, arswydus wynt
a'i law chwyrn o lach arnynt,
a'r dail hyd risg yn disgyn
islaw, islaw, fesul un,
tua'r ddaear ar ddiwedd
eu bod, i dawelwch bedd.

Yn Nhrelluest, ymestyn
a nithio cof a wnaeth, cyn
ymestyn am Gwm Ystwyth,
tewi â'i drais lais hen lwyth.
O'r Groeslon aeth haelioni
ein llên a'i holl liwiau hi
a diffodd yn Llansteffan
a wnaeth y wawr yn ei thân.
Yn Ninbych, creu bwlch enbyd,
creu haf sy'n crio o hyd.

O Wrecsam i Frynaman,
ddoe a'i hers sy'n ddiwahân.
Aeth ar gwest i Fethesda
a dwyn un o'r Cymry da,
wedyn, ymestyn ymhell,
hebryngai o Aberangell
un o feirdd Maldwyn o'i fodd,
un o'n henfeirdd o'n hanfodd.
Fesul tŷ drwy Gymru i gyd
wylofain fu'r hwyl hefyd.
Mor drwm fu hirlwm ein haf
gan wylo, a'r Gân Olaf
fel eiddew'n tagu'r flwyddyn,
yn y coed esgyrnog hyn.

Tsunami

Fe ddest yn nes, dest yn don,
landiaist yn wal o wendon
i mi gael golchi 'meiau,
a rhacs yw fy nghestyll brau
o unigedd dan eigion
dy lawnder, y llawnder llon.
Ond mae stŵr dŵr a dorrai
wedi'r wefr 'di mynd ar drai ...

Yn y dechreuad ...

Dechreuaist yn gusan
wrth i ddau awdur gwrdd
a'u hinc ar wefusau
i greu dy stori.

Aeth edrychiad yn air
a daeth gair yn ddalen lawn
o hanes cymeriad hynod.

Ymlaen yr aeth trên
y dychymyg ar drac
dwy linell las
a'u hias
yn oesol.

Ti yw awdur y bennod nesaf ...

Raconteuse

Treuliais oriau ar y tro
yn rhyferthwy dy sgwrsio,
dy freichiau yn anecdôts rhyfeddol
a'th ymadroddion mor gyfoethog,
pob gair yn brofiad bywyd
na allaf ond gobeithio ei gael.

Ac yn y seibiau
dan adain angel,
mae pob anal
o'th eiddo'n gallu
cynnal y byd.

A phan wyt ti'n dwrdio
yn dincar crac, a'r seiliau'n
siglo, cei faddeuant
bob tro, er taw nid fi
sy'n dy gario
yn y groth.

Pwy yw hon?

Pwy yw hon sydd heb heno,
heb yr un brycheuyn
yn ei llygad, na rheg
ar ei thafod?

Pwy yw hon sy'n wynnach
na gwyn, heb na staen
na chymeriad, na rhychau oes
ar erwau ei chof?

Pwy yw hon nad yw'n poeni
am ddim ond am belydrau
haul y fron, yng nghastell
fy mreichiau?

Geiriau

Rwyt ti'n ymbalfalu
drwy'r düwch am fwlyn drws
dy frawddeg gyntaf.

Daw goleuni gair
i sgythru dy retina,
ac fel dyn dall a wêl
am y tro cyntaf
mae pob gair yn brifo
dy lygaid.

Mae dy dafod yn Houdini
a fydd rhyw ddydd
yn ymryddhau.

Ond am nawr,
mae dy eiriau
ar eu han ...

Bogailsyllu

Am na fu llinyn bogail rhyngom
taflaf raff o iaith
iti gydio ynddi,
i'th dywys ar y daith.

Rwy'n Fendigeidfran o bont
rhwng dy ofnau a'r lan,
a gorweddaf yn llwybr
iti ei droedio
yn sŵn adar ein llên.

Am na fu llinyn bogail rhyngom
adeiladaf hewlydd
rhyngof a phobman yr ei di,
rhag ofn y daw hiraeth
i'th daro.

Wrth iti droedio llinyn tyn
bywyd, gan ogwyddo
i'r naill ochr cyn canfod dy echel,
am nad oes llinyn bogail rhyngom,
cei fy ngair y byddaf yno i'th ddal
os cwympi di.

Ar gyfeiliorn

Mi redais drwy strydoedd
budron a dysgu iaith yr isfyd
er mwyn i ti beidio â gorfod gwneud.

Bu fy mhen yn rhacs
â mwg a chemegau'n
ffatri baranoia i gynhyrchu
cerbyd y llwybyr cul.

Torrais galonnau'n yfflon
gan ddawnsio ar deilchion
yr hyn oedd ar ôl.

Tyfais gyhyrau trwy gario gordd
a ches nerth i'w lluchio
mor bell â phosib,
cyn dy gario di.

Boddais ganwaith
mewn dagrau dyfnion
er mwyn iti gadw dy ben
yn yr haul uwch y dŵr.

Mi droediais y trywydd
seithug fel y gelli di
ei osgoi.

Bod yn Fardd Plant

Ar lôn unig gyda'r wawr
fe gyrchaf fi drwy'r broydd
dan sŵn unig, sŵn unig iawn
cân olwynion yn cnoi lonydd.

Ni ddaeth y wawr gyda mi
yr holl ffordd, mae'n fore llwyd,
a main yw'r iaith a glywaf
i gyfeiliant gwichian y glwyd.

Ond enfys sy'n fy nisgwyl,
o wên i wên daw'r geiriau'n fyw;
â'u brwshys â beirdd i baentio
geiriau'n lluniau o bob lliw.

Nid yw'r lôn yn unig nawr,
mae hi'n canu ar ei hyd,
ym mhobman mae gen i gwmni
holl gerddi'r plant i gyd.

Stafell wag

(i Stephen Mason, pennaeth y Gymraeg
yn Ysgol Uwchradd Llanfair-ym-Muallt)

Lle unig yw stafell ddosbarth
cyn i'r disgyblion ddod i mewn,
a lle unig yw dan gyfarth
yr holl ddisgyblion ewn!

Bu sôn yn llawer rhy hir
ym Mhowys am stafell wag,
ac mewn stordai yn ne y shir
dan glo yr o'dd y Gymrâg.

Gorweddai hi ar shilffo'dd
yn hel llwch drosti i gyd,
yno fel dodo'r oeso'dd
heb werth iddi'n y byd.

Dim ond inc o'r mewn llyfre,
geirie'n gyrff o'r brwydre gynt,
hen eirie fel hen greirie
nad oedd modd 'u troi yn bunt.

Fel Lladin y llyfre llwydion
nid oedd yn ddim ond pwnc
a chryg oedd llais disgyblion
heb 'i thimlo'n iro'r llwnc.

Ond o fod yn athro unig
mewn stafell wag fel Heledd,
fe dda'th y cyrff rigamortig
yn fyw fel clec cynghanedd.

Fesul gair fe ddaw yr iaith
yn ôl yn fyddin barod,
ni fydd arni syched chwaith,
caiff fedd o hafe Meifod.

Alltudion mynydd Epynt
a fu cyhyd ar wasgar
sy'n wregyse bwledi drostynt
a'u manwfars yn shiglo'r ddaear.

Ac er na fynnwn weled
militareiddio ein hysgolion,
mae galw am filwrs caled
os am hwythu'r drefn yn yfflon.

Nid unig yw'r stafell ddosbarth,
mae'n llawn disgyblion ewn,
sy'n llawn o ysbryd Sycharth
ers inni adel yr iaith i mewn.

Anni'r chwa o awyr iach!

(i Anni Llŷn, Bardd Plant Cymru 2015-17)

Blant Cymru, mae Anni 'ma!
Hel antur a barddplanta
bob bore yw ei bwriad,
hel paned ledled y wlad,
a'i diléit yw ei dweud-hi
yn lôn o droeon di-ri
llawn darogan, llawn dreigiau,
llawn o wên, llawn awen iau
trwy eich help. Dewch! Trochwch hi
yn eich hwyl, dewch i'w holi
yn werin eich brenhines
am gymhariaeth ffraeth a ffres,
neu odl lawn o chwedlau.
Mae 'na iaith, sef iaith mwynhau,
eich iaith yw, ni chaethiwa.
Blant Cymru, mae Anni 'ma!

Un ffenest fach

(gan ddychmygu sut bydde hi pe na bai
fy nhad i wedi trosglwyddo'r iaith imi)

Gwelais fy nhad yn edrych, sawl bore,
drwy ffenest na welwn ddim byd trwyddi.
Fe'i gwelwn yn gwylio byd o bethe
na allaf i hyd yn oed mo'u henwi,
gwyliai e ymadroddion yn prancio
yn ŵyn draw ar ddolydd o feddyliau.
Fe welai ffordd o fyw llawn o danco
a phesgi ar gigoedd coeth y geiriau.
Cododd chwilfrydedd ei grafangau'n ddraig
ynof un bore, es at ei ffenest,
arni roedd ei anal a llwch Cymraeg
yn drwch fel na welwn ddim o'r loddest.
Gyda 'so long' bu i 'nhad ganu'n iach,
nid yw fy iaith ond yn un ffenest fach.

Fesul gair

(i ddathlu diwrnod 'Shwmae/Sumae!' 2015)

Fesul gair mae dod ynghyd,
fesul gair mae gweld y byd,
mynna air fel tae'n eiddo i ti,
yn air a fu'n si yn dy grud.

Fesul gair y cei di dafod,
air ar air y cei di drafod,
gweli o'u casglu yn un pair
taw mwy na gair yw Steddfod.

Fesul gair fe gei di wên,
fesul gair cei golled hen,
weithiau fe gei heb fwy na gair
holl ddifyrrwch ffair ein llên.

Fesul gair mae'i dysgu hi,
fesul gair fe ddathlwn ni
dy antur fawr, lawn ei gobaith,
o'i threiglo'n heniaith i ti.

Hanner call ...

(i redwyr Hanner Marathon Caerdydd)

Ara' deg mae rhedeg ras
yn ddianaf drwy'r ddinas
heddiw, ac yn dy feddiant
mae'r ddawn i guro'r myrdd a ânt.
Mas o bwff? Mae eisiau bardd
i'th annog drwy'r daith anhardd
a'i gwynegon, â neges.
Filltir ar filltir yn fès,
ugain mil o gwynion mân
o wingo gaiff eu hyngan.
Ond cadw i fynd, cei di fawl
nodau cyweiriau corawl
hirfaith y llinell derfyn;
y dorf sy'n dy ddal yn dynn.
Arwr o redwr ydwyt,
yma, ffrind, Mo Farah wyt!
Gam wrth gam mae rhedeg, was,
dy anadl fydd ein dinas.

'This is not soccer!'

(i longyfarch Nigel Owens ar gael ei ddewis i
ddyfarnu rownd derfynol Cwpan Rygbi'r Byd)

Mae un o'r cwm yn nhwrw'r cae. Un gŵr:
   ceiliog gwynt y campau;
  gŵr a ddofa gyhyrau
  y maes o'i dweud fel y mae.

O ferw llafar y llwyfan a'i holl sŵn
   drwy'r gwyll seinia'i gytgan;
  gall dorri crib â'i chwiban
  neu roi cais yn glochdar cân.

Trwy orwelion chwarter eiliad y gwêl
   hebog ias y rhediad,
  a mès o gyrff maes y gad
  a'i llaid ac ambell wadad!

Pan ddaw torf a'i thymer i'w herian e
   ni chlyw un yn sgrechian;
  ei Wendraeth yw dur a thân
  ei lais dros lu a'i hisian.

Am unwaith y mae am ennill heb os!
    Dan bwysau sawl pennill
    bydd tôn lawn sôn fesul sill
    yn waedd am guro'r gweddill.

Ni fydd drwy'r gân wahaniaeth rhwng dynion,
    rhwng doniau'r ddynoliaeth
    i uno gwŷr a fu'n gaeth
    yn deulu o frawdoliaeth.

Mae un o'r cwm yn arwr cêl drwy'r stŵr,
    un gŵr ar y gorwel;
    yn ddiduedd o dawel,
    mor wych yw'r Gymru a wêl.

Chwedleuwyr

(i Chris Coleman ac Osian Roberts)

Mae ein diolch ninnau'n golchi'r oesoedd
drosoch, yna'n oedi;
o faeth rhagoriaeth Gary
y deil ein chwedl ynoch chi.

Cywydd mawl i Alun Wyn Bevan

(bu'n dylanwadol mewn sawl cyfnod yn fy mywyd))

Yn ei law mae Cwm Tawe,
gwlad rydd sydd yn ei gledr e
a dyry fyd ar ei fys
a'i floedd yn wyntoedd heintus
o obaith er y dibyn
am mai ef, y cawr, a'i myn.
Fe saif yn dal uwch Gwalia
a hwnt i'r hirlwm gwêl ha'
yn dod â'i ddydd, doed a ddêl;
gwawr ddi-ben-draw yw'r gorwel.
Doniau swil, dyn o sylwedd,
ei gamau wnaeth ei Gwm Nedd.
Nid seléb, ond sylwebaeth,
nid aur yw'r rheswm y daeth
a rhoi i heniaith gyfraniad,
rhoi ei lais yn gawr ei wlad;
gwlad a roes ar ei gledr e
i wneud ha' dros Gwm Tawe.

Cân Galwad Cynnar

(i Gerallt Pennant a chyfeillion ei raglen radio)

Daw un cyn toriad y wawr,
un Gerallt, ceiliog oriawr,
daw cân ei *Alwad Cynnar*
ym mhair y wawr, Gymru wâr.
Daw'r cennad fore Sadwrn
o'r donfedd draw, daw â dwrn
yn dwrw mawr adar mân,
drwy'r brigau'n dwrw boregan.
Mi wêl e Dwm Elias
a'i aeliau'n weirgloddiau glas.
Daw, yn Olwen o eneth,
y byd a'i flodau â Beth.
Duncan a'i gân fel gwennol
ddaw'n swyn o wanwyn o'i ôl.
Wele'r hebog, Iolo, gwêl
un Gerallt ar y gorwel.
Yn y cwt neu yn y car,
drwy'r radio daw ei drydar
byw yn wên i bob un wâl,
is ei oeswallt mae'n sisial.

Gerallt y garddwr geiriau
a dyf yr iaith o'i dyfrhau,
Gerallt y blodeugarwr,
tra bo gallt, Gerallt yw'r gŵr!
Gerallt, nid oes rhagorach,
mor fawr yw dy Gymru fach,
Gerallt sy'n dallt y dalltins,
Gerallt, boi'r wêr, Gerallt brins!
Eifionydd o 'mennydd maith
Gerallt y deall dwywaith.
Gerallt, ti yw pob gwawriad,
y wawr o lais i euro'r wlad.

Cerdd arall am Dryweryn

Fan hyn mae llyn llonydd
i'r llygad estron.
Fan hyn mae llyn llonydd
i'r llygad Cymreig.
Llyn arall yn y clytwaith sy'n harddu'r
anialwch gwyrdd, tu hwnt i'r tai
yn y *Wales* o werth
lle mae'r bunt yn goleuo'r dydd.

Efyrnwy. Elan. Epynt a'i lyn o waed ...

Ond fan hyn ein dafnau ni
a fu'n cronni fesul litr:
diferion o farddoniaeth
yn pwyso'n anesmwyth ar waelodion
ein cydwybod. Ffrydia ein dirywiad
fesul gair fan hyn.

Fan hyn, mae pob enaid alltud,
fan hyn, mae'r sawl a drodd ei gefn
a'r sawl a gaeodd ei lygaid
rhag gweld ein Aberhenfelen ein hunain.
Fan hyn, mae pawb a dorrodd ei dafod
a'i luchio ar fachyn ei wialen bysgota
yn abwyd i geisio cnoad gan bysgod y byd bas.

Ond y dwfn du hwn yw'r llwfrdra fu'n cronni,
eco'r Gymraeg sy'n crychu wyneb y dŵr a'i oerfel
yw'r croen gŵydd o weld pentre arall yn mynd ...

Wrth i ni geisio'r tir sych rhwng llynnoedd
a cheisio peidio â gwlychu'n traed,
ein gwaith ni oll dan wawr arall
yw ceisio peidio â boddi
ac yna dysgu eraill sut i nofio,
rhag ofn ...

Gwerth cynnydd?

Pwy yn y byd a all wadu
fod cynnydd yn werth ei gael?
Mae'n hael ei fendith, ydy,
slawer dydd roedd pethau'n wael.

Be wnaem heb wres canolog
ond sythu o gylch y tân
a chanu cân am fyw heb geiniog?
Mae weithiau'n braf bod ar wahân!

Ers inni wisgo sbectol
nid edrychom fyth yn ôl,
awn ar ôl ein dyfodol
a phob technoleg ffôl

gan nad yw *pob* technoleg
a grëwn yn ddrwg i gyd;
nid yw'r byd yn awr ond carreg
ateb i'r rhai a fu'n fud.

A be fu'n well i'n bywydau
na chaniad cynta'r ffôn?
Mae'i dôn yn llawn o leisiau
sy'n rhy bell i lawr y lôn.

Am sbel daeth modd i siarad
a chlywed llais neu rannu gair
â chwaer neu ambell gariad
dros yr enfys, lle mae'r aur.

Ond heddi, wyneb yn wyneb
â mall y bwystfil hwn,
mi wn na chaf fi ateb
gan neb drwy'r byd yn grwn.

Mae pennau pawb yn isel,
yn gweld y byd drwy'r sgrin
a'r llun sydd ar y gorwel
yw llun o bawb ar ei ben ei hun.

Concrete Jungle

(ym maes awyr Dulyn)

Ry'n ni fel Ceniaid yn gorfod gwisgo
sneakers i redeg y ras
neu Indiaid sydd wedi cyfnewid
totem pole am *one arm bandit*;
mae'n rhaid i ni sibrwd
ein hunaniaeth rhag i bobl glywed a rolio'u llygaid,
hyd yn oed wedi i ni dynnu'r arwyddion i lawr
a phaentio'r byd yn wyrdd,
hyd yn oed wedi i ni weld tywallt gwaed,
hyd yn oed ar ôl tri mis mewn carchar
lle roedd meddwl ein bod yn achub iaith
yn ein cynnal.

Ond tra rhown gywydd arall
yn foncyff ar dân ein diwylliant,
egina concrit cynnydd o'n cwmpas
heb i ni fentro poeri ein cystrawennau
i'r seiliau na gosod
geiriau yn friciau yn y muriau.

Trodd y byd yn ei flaen
a ninnau'n dal i swatio yn y tywyllwch,
yn yr unfan, heb i ni allu ein gosod ein hunain
yn ffenestri i gael gweld y byd
ac i'r byd gael ein gweld
(er y byddai'r gwydr mor drwchus
fel na allem fyth ei dorri
na chael ein clywed yr ochr draw).

Ac wrth i driog y semént lifo o gwmpas ein pigyrnau,
safasom yn y fan a gofyn dan fwmial,
a yw'n rhy hwyr i geisio camu 'mlaen?

Llythyr i Dylan

Mae meddwi ar eiriau mor hawdd,
anos yn y bore yw sobri'r ystyr;
fel agor llythyr caru
a theimlo gwres y dweud
drwy'r inc oer.
Er imi golli'r post,
dyma fy llith iti, Dylan ...

Eisteddaf yma
ac mae dy lais mor glir
â nodau Adar Rhiannon,
ond heno nid yw'r meirw'n dihuno,
dim ond y byw sy'n llithro i gysgu.

Yn sydyn mae Ynys Manhattan
fel y goedwig, y llynnoedd a'r bryn
sy'n nesáu at Iwerddon
i gyrchu Branwen adre.

A'r drysau heb eu hagor
yw pyrth y White Horse Tavern,
ond ni wêl neb Aberhenfelen
ar orwelion graen y bar.

Mae blodau olion dy draed
yn llythrennau ar hyd y pafin
a'r rafin hwn yn gweld y geiriau'n
ffurfio'n frawddegau o frafado
sy'n pentyrru'n geinciau,
sy'n arwain at y wledd
ar ynys Gwales.

A gynne, a'r drws yn dal ar gau
yng nghoflaid *bebop* y bas dwbwl a'r sacs,
ar y fainc roedd dau fardd
yn llesmeirio i gyfeiliant
yr ennyd honno yn gwledda
ac yn ymddiddan â Bendigeidfran,
a synhwyrais taw ti, Dylan, a fu'n rhoi'r
geiriau yn ei geg.

Llarregub

O iaith fain ei eithaf heno, o fôr
   diferion dieithrio;
mor Gymraeg, mae'i eiriau o
dan ei Wenallt yn huno.

Pethau bychain

Dyro eiriau drwy arwain, rho i bawb
air bach fesul cytsain
ac ym mhob bro, byw y rhain
yw baich y pethau bychain.

A9459CFBevan

(i Jamie Bevan)

Cewch ei ddal mewn hualau, mynnu'i gael
mewn i gell heb olau,
pydru'i ddawn, peidio â'i ryddhau,
ni charcharwch ei eiriau.

Cofio Senghenydd

Mae'r holl haenau mor llonydd, pob ceiniog
    ym mawnog y mynydd;
   a glo du, nid golau dydd,
   sy' yng nghân ddofn Senghenydd.

Madiba

Gwaedodd, ond fe alwodd ei helwyr oll
　　i weld hawl creadur;
　gwelodd y sawr mewn gwledd sur
a charodd ei garcharwyr.

Radio Beca

Buom cyhyd yn fudan ac yn ffoi
rhag ein ffawd dan ofan;
ffoi o hyd rhag creu ffwdan,
torri'r gât yw whare'r gân.

N'eo ket echu ar Jabadao ...*

(i Twm Morys)

Fe welaf ha' a'i heli
yn don yn dy lygaid di.
Mae hi'n don sy'n mynnu dod
â'i dagrau'n llawn o deigrod
a'u poen yn eu pawennau;
hardd o hyd yw eu rhyddhau ...

Yn Llydaweg mae rhegi!
Llydaweg ei rhegwyr hi
yw'r hyn sydd bellach ar ôl
hwnt i fôr. Gwynt y farwol
sy'n chwythu yn ei ddüwch,
yn gorff ar erchwyn rhyw gwch.
Ond englyn ac nid angladd
yw yr hyn a ddengys radd
Llydaweg ein mynegiant
plaen, fel o enau y plant.
Ond mae'n fwy na damwain fach
y'i geiriwyd hi'n ein geriach
yn gof drwy ein hysgyfaint,
a'i mwg i'n clymu â'i haint.

Rhyd yw eu môr, fy mrawd maeth;
diwaelod yw'n brawdoliaeth.

(*Nid yw'r Jabadao ar ben ...' Enw ar ddawns Lydewig yw
Jabadao, ond gall hefyd olygu 'galifanto' neu 'gadw twrw'.)

Y diafol ar y bont

Bu i Lydaw hefyd
gwrdd â'r diafol ar y bont
gan wynebu ei huffern oer
wedi ei thynghedu i'w threisio
ei hunan yn y drych ...

Yn waedlyd
daeth ergyd y fargen
a'r siglo llaw
ac ebe'r diawl:

'Cei fyw yn fas
a chadw dy bibau cras
a chofio pob dawns
a siarad drwy dy draed;
dim ond iti wylio dy iaith
yn codi fel gwlith
dy gaeau yn ager
tuag ebargofiant.'

Ac ildiodd Llydaw yn dawel
fel gwlad y Gwyddel a'r Gael ...

Kelorn

(Sef y cartref lle magwyd Mam, a'r fferm y bu
fy Wncwl George yn ei rhedeg yn Llydaw, nes
iddo gyflawni hunanladdiad ym 1991. Wedi
hynny, fe brynodd fy rhieni'r ffermdy a dyna
lle maen nhw bellach yn byw.)

Nos Galan sydd dros Gelorn,
sŵn y gwynt a seinia'n gorn
gwae, o'th seiliau hyd dy swch,
iasau'n drawstiau o dristwch,
yn rhaff hir y gŵr a ffy
o burdan dy sgubordy.

O dy gerrig daw geiriau
trwy'r mur a'u pwys yn trymhau;
hen eiriau rhy gyfarwydd,
geiriau yn gur, yn groen gŵydd,
yn hen dôn a adwaenir
fel cân sy'n hongian yn hir ...

Adeiladwyd dyledion
a dagrau hallt planed gron
fu'n cronni'n lli, a'i holl wae
yn gywiddil ar sgwyddau
mewn mamiaith yma'n mwmial
pader oes rhwng pedair wal.

Ond nid oer ydyw'n hen dŷ,
nid tawelwch, ond teulu
â'i hwyl a dwyma aelwyd.
Ac o'i ias, cartref a gwyd,
hafan fyw atgofion fil,
a'r *Ankoù** nawr ar encil.

(*Ei ystyr yw 'yr Angau', ac yn Llydaw
mae'n debyg iawn i'r Medelwr Mawr.)

Porz Kloz

(*Ferme Auberge* fy modryb a'm hewythr, Yves
ac Hervelina Berthou, ym Mynyddoedd Are)

Gwelaf Porz Kloz
yn sefyll yn wyneb pob elfen,
ac o'i weld, rwyf yno.

Mae meini'r muriau
yn eiriau coll,
yn gaer o famiaith,
i'r famiaith gael goroesi
am ennyd.

A gwn y bydd yna groeso
o hyd yn Porz Kloz,
ac Yves ac Hervelina
yw'r cyhyrau yn fy wyneb
sy'n dihuno'r wên
wrth weld,
ac o weld rwy'n clywed
nodau'r pibau yn lliwiau
ar hyd y llawr,
yn aros am haul
rhyw ymwelydd i'w dadmer.

Barzaz Breizh yn gwreichioni
o glec y boncyff o'r tân ...

Clywaf arogl crefft
yn seinio drwy'r gegin,
marwydos traddodiad
yn cyflyru perffeithrwydd
o laeth gafr cyfrinach oes,
yn flas sy'n llifo drwy'r cof.

Gwelaf Porz Kloz
yn y cof
ac o'i weld, rwyf yno ...

An Oaled

(ystyr 'An Oaled' yw 'Yr Aelwyd', sef mudiad
â chanolfannau preswyl tebyg i'r Urdd lle
bues i a fy mrawd yn treulio aml i wyliau haf)

Deuai'r haf â'i iaith ei hun
inni ei chwysu o ddysgu'n ddi-ofn,
deuai'r haf â'i adar hy
i'n swyno â'r alawon eneidlawn,
a gyda'r haf ar grwydr aem
ar hyd llwybrau'r tafodieithoedd
o blaned arall, o fydoedd tu hwnt
i *balenn Mamm**, a ffarm *Ta-Kozh*.*

Yn erbyn y llif fe rwyfem
ar ein hynt trwy aberoedd
geiriau'r genhedlaeth fyw,
i yngan gyda phob strôc
yr eirfa a ddringodd furiau
brwydrau Diwan;
y Llydaweg llyfr a lamodd
o'r ddalen i ddwylo'r
crefftwyr iaith i'w cherfio
yn gelfyddyd lachar.
Y geiriau a raffai ddawnsiau
drwy ein breuddwydion,
wrth inni gampio.

Deuai'r haf â'i hiraeth hallt
dros ddau frawd a ddaeth
dros fôr perthyn, dros fôr dieithrwch.
Drwy hiraeth hallt yr haf
daeth dau ddyn o'r gawod ddagreuol
i ddeall llif y dyfroedd
a bod modd rhwyfo
drwyddynt yn drech.

A phan ddeuai'r haf â'i her,
fe dyfem, frawddeg ar frawddeg,
yn fwy, o raddio, yn fur o weiddi,
yn fôr o heddwch, yn frau o weddi.
Pob gair yn gyhyr newydd
i rwyfo'n gynt ar ein hynt o hyd.

Pan ddeuai'r haf yn wên o hyd
roedd iaith i'w chlywed drwy'r caeau ŷd
a ninnau'n barod i goncro'r byd
yn Llydawyr go iawn, yn gân i gyd,
yn Llydawyr go iawn, wedi'r haf a'i hud.

(*palenn Mamm – côl Mam; *Ta-Kozh* – Tad-cu)

Tro Velo

(tra oeddwn ar ymweliad diweddar â Llydaw, roedd ras
feiciau yn cael ei chynnal i gefnogi ysgolion Diwan ym
mro enedigol fy mam, Bro Bagan, sydd yng ngogledd-
orllewin Penn-ar-Bed)

Fel dysgu reidio beic nid hawdd yw dysgu iaith,
rhaid dysgu sut i godi wrth gwympo ar y daith.

Rhaid weithiau ddisgwyl baglu dros nerfau, ddydd y ras,
a chael ffydd y bydd cyhyrau yn gwneud eu gorau glas.

O gydio'n dynn mewn metel daw'r geiriau i godi sbid,
wrth bedlo daw'r brawddegau yn ffordd i weld y byd.

A heddiw tasga'r chwys dros hen hewlydd Bro Bagan
gan taw nid semént ond chwys sy'n cynnal muriau Diwan.

Ac weithiau nid yw'r chwys ond yn ennill un ewro fach
a hynny prin yn talu am fwcwl ar un sach.

Ond gyda phob un llathen treigla gobaith yn ei flaen,
er gwaetha'r haul crasboeth sy'n boethach na haearn Sbaen.

Fel gwibio ar gefn beic, daw gwefr o gynnal hon
a'i holwynion yn dal i droelli ar ddarn o'r blaned gron.

Mae gweryru'r meirch haearn i'w glywed ar hyd y fro
a'r arloeswyr ymhob cyfrwy yn chwa o *Kenavo*.

Ac mor hawdd yw'r holl chwysu ar hyd y milltiroedd maith,
gan taw dim ond y dechrau yw cyrraedd diwedd y daith.

Gwymonwyr

(sef y Bezhinerien – y gweithwyr oedd rhwng
y ffermwyr a'r pysgotwyr, yn cynaeafu
gwymon i'w roi yn wrtaith ar y caeau)

Mae trai i bob llanw
a llanw i bob trai,
mae'r tonnau a'u twrw'n
llawn rhoddion i'w hau.

Dan ewyn y don
gwelwn gegau sy'n llawn,
yn safn hallt hon
gwelwn gaeau o rawn.

Benthycwn y traeth
am dro ganddi hi;
daw'n fedi o faeth,
stordai llawn sy'n ei lli.

Cesyg gwynion y cae
sy'n aredig yr erw;
mae llanw ymhob trai
a thrai ymhob llanw.

Cynebryngu

Camu i mewn i gynhebrwng
yw camu o'r llong i mi bellach.
Er parch, mae'r *gwenn ha du*
ar yr arch ac ambell ffosil o air
yn cael ei yngan gan y 'ffeiriad,
er nad oes neb o blith
y gynulleidfa yn eu deall, bellach.

A mygu tu fas i'r eglwys
dan fwg y Gitanes a'r Gauloises
Ffrengig yw pob awr a dreuliaf yno;
nid anadlu ei hawelon hallt
a theimlo'r ysbryd Celtaidd
yn llenwi fy enaid
yw fy mhrofiad i o Lydaw'r
dosbarth canol Cymraeg.
Dim ond tagu a bustachu
anadl ddofn lawn *excusez-moi*,
ymddiheuro di-ben-draw am yngan
geiriau sy'n swnio fel iaith o'r Balkans
i glustiau *La Bretagne* heddiw.

Ac os crwydraf *le jardin de la France*
a dod ar draws corff arall sydd ar y dibyn
rhwng peiriant bywyd a rigamortis
yn llawn bîps a threigladau
Celtaidd, rhyfedd,
dim ond geiriau rhwng dau
ddioddefwr Alzheimer's byddar
mewn cartref i'r henoed yw hynt
y sgwrs seithug honno.

Galwer y ffermwyr o'r caeau gwenith
ataf fi, a boed iddyn nhw
basio'u crymanau ataf
i mi gael o leiaf ddwyn
y fraint eithaf o ddwylo'r *Ankoù*,
a dod â'r ffars* i ben.

(*Mae'r gair *Farz* yn saig traddodiadol lydweig tebyg i stwffin
a wneir o ferwi cymysgedd crempog mewn sach bwrpasol.
Ceir *Farz Gwenn* a *Farz Du* i adlewyrchu lliwiau'r faner.)

Cathryn Anne Rees
(12.3.1979–19.9.2014)

Dan y sêr mae'r byd yn syn; a'r bore
　　heb wawriad dy chwerthin
　　daw oerfel mor ddiderfyn
　　yn farrug oer, yn fôr gwyn.

Ond nid fel hyn, dan dwf lawnt,
ond yn goflaid, yn gyflawn
trigaist, treuliaist ti'r eiliad
heb gam 'nôl â *bug* mwynhad.
Byw pob eiliad anwadal
y tywod aur, est a dal
planed gron pob un gronyn
i fyw'n hardd drwy'r ofnau hyn.
Byw hwnt i bob diwedd byd,
byw'n ifanc drwy boen hefyd,
byw'n *glam* a byw'n golomen,
byw o hyd heb ddod i ben.

Yn ôl est yn wennol ha'
i lannau Barcelona
rhag gofid oer gaeafau
i'r fan sydd yn dy gryfhau.
Ninnau a awn yno o hyd
i fyw'r hafau hwyr hefyd.
Dilynwn dy haelioni,
dilynwn daith dy lôn di.

Byw'n Gathryn y chwerthiniad,
troi i'r gwaith fel mentro i'r gad,
darllen ein llên a'i holl hud,
rhoi'r haf mewn dagrau hefyd.
Troi'n cefn ar actorion cas
i gerdded gydag urddas
yn Gathryn ymhob gweithred.

Ar grwydyr yn eryr hed
sha machlud pob machludo'n
rasio ei dawns dros y don.

Hi'r ffrind sy'n mynd o'r *mundo*, hi, ein haul,
   na wnawn ei hanghofio;
 ar orwel ein ffarwelio,
 gwenu mae Cathy'n y co'.